AF321275

LES
ARTS A MACON

ALLOCUTION

PRONONCÉE A LA

DISTRIBUTION SOLENNELLE DES PRIX

de l'Ecole de dessin et d'arts industriels

PRÉSIDÉE PAR

M. LÉONCE LEX

Archiviste du département de Saône-et-Loire.

MACON

IMPRIMERIE GÉNÉRALE, X. PERROUX ET Cⁱᵉ

—

1893

LES ARTS A MACON

LES
ARTS A MACON

ALLOCUTION

PRONONCÉE A LA

DISTRIBUTION SOLENNELLE DES PRIX

de l'Ecole de dessin et d'arts industriels

PRÉSIDÉE PAR

M. LÉONCE LEX

Archiviste du département de Saône-et-Loire.

MACON

IMPRIMERIE GÉNÉRALE, X. PERROUX ET Cⁱᵉ

—

1893

LES ARTS A MACON

Le mardi 1er août 1893, à 9 heures du matin, dans le grand salon de l'hôtel de ville, a eu lieu la distribution solennelle des prix aux élèves des deux sexes de l'Ecole de dessin et d'arts industriels de Mâcon, sous la présidence de M. Lex, archiviste, assisté de M. Landard, préfet du département, et de M. Buchalet, premier adjoint au maire de la ville. M. Lex, à l'ouverture de la séance, a prononcé l'allocution suivante :

Chers enfants,

Monsieur le Préfet de Saône-et-Loire, en me désignant, sur la proposition de Monsieur le Maire de Mâcon, pour présider la distribution solennelle des prix de votre école, m'a fait un grand honneur, car il n'y a ni études ni travaux d'un ordre plus distingué, plus délicat, plus élevé que les vôtres. Il m'a procuré en même temps une vive satisfaction, celle de pouvoir vous prodiguer à la fois mes félicitations

et mes encouragements. Ce n'est donc
pas uniquement pour me conformer à
l'usage que je prie Monsieur le Préfet
d'agréer ici l'expression de ma reconnais-
sance. Je lui demande de croire qu'aucune
mission ne pouvait être plus agréable à
remplir à celui que Monsieur le Directeur
des Beaux-Arts, investissant en quelque
sorte de sa haute confiance, a bien voulu
nommer son correspondant pour le
département de Saône-et-Loire, en le
conviant à rédiger l'inventaire des
richesses artistiques de la France, à
concourir par des travaux personnels à
l'histoire de l'art, à surveiller les monu-
ments classés ou non qui sont l'ornement
de votre beau pays, à collaborer en un
mot à son administration vigilante et
éclairée.

L'intérêt tout particulier que je porte à
votre école, chers enfants, n'est pas né
d'aujourd'hui. Il y a longtemps déjà que
j'ai demandé aux archives de me révéler
vos origines. Vous avez plus d'un siècle :
c'est aux Etats du Mâconnais, l'assemblée
administrative de ce pays sous l'ancien
régime, c'est surtout à son président,
Gabriel-François Moreau, dernier évêque
de Mâcon, que vous devez d'être. Né, à
Paris, d'une vieille famille parlementaire,
Monseigneur Moreau était un prélat peu
commun. Esprit indépendant et curieux,
orateur éloquent et disert, artiste, lettré,

il n'avait pas craint, — ceci est encore un secret des archives que je vais vous livrer, — il n'avait pas craint d'installer au palais épiscopal les bustes des philosophes de son temps, Voltaire, Rousseau, d'Alembert ; dans son salon, au-dessous d'une peinture de la Sainte Famille, on pouvait admirer la Vénus Callipyge en porphyre. L'inventaire de son mobilier, qui a été dressé pendant la Révolution, nous apprend en outre qu'il avait orné ses appartements de tableaux des Raphaël, des Bloomart, des Van den Velde, des Van Ostade, des Mignard, des Largillière et des Greuze, de gravures des Callot, des Delaunay, des Cars, des Wille, des Le Mire et des Beauvarlet ; il avait aussi des tapisseries, des marbres, des biscuits, des ivoires, des porcelaines, des pierres fines. C'est lui qui pressentit Prud'hon, le fit envoyer aux frais des Etats, d'abord à l'école de dessin de Dijon, puis à Rome, où l'éminent artiste, qui est devenu la gloire de Cluny, perfectionna son grand talent. C'est lui qui, en 1783, obtint des mêmes Etats la création de votre école. J'avais l'impérieux devoir de vous le rappeler, et de vous inviter à saluer avec moi le souvenir du fondateur de cet établissement, dont le nom a déjà été donné à un de ses boulevards par la ville de Mâcon reconnaissante.

L'école fut solennellement inaugurée

le 24 février 1785, et sous la Révolution, à laquelle nous sommes redevables de tant d'institutions artistiques, scientifiques et littéraires, — archives, bibliothéques, musées, écoles, académies, — elle prospéra si bien et reçut tant d'encouragements qu'en 1793 elle comptait 72 élèves. Le premier directeur, Pascal-Jean Lenot, organisa l'enseignement, qui comprenait trois genres, comme on disait alors, — la géométrie et l'architecture, — la figure et les animaux, — les fleurs et l'ornement. Son successeur, Jean-Baptiste-Victor Olagnon, un peintre distingué, éleva ensuite le niveau des études assez haut pour que le secrétaire perpétuel de l'Académie de Mâcon ait pu, en 1821, formuler au sujet de l'école une appréciation comme celle-ci : « C'est incontestablement à son heureuse influence que la serrurerie de Mâcon, la menuiserie, l'ébénisterie, l'art du marbrier, du tailleur de pierres, et plusieurs autres arts mécaniques, doivent une perfection qui frappe d'abord les étrangers, et qui rivalise non seulement avec ce qu'on fait de mieux dans les principales villes de province, mais encore, dans plus d'un genre, avec les ouvrages sortis des premiers ateliers de Paris ». Après Olagnon vinrent les Huguet et les Girard, puis Monsieur Chambellan, ce maître respecté, dont je serais heureux de constater la présence ici, et qui pendant 42 ans, de 1849 a 1891, avec une ardeur que l'âge n'a pu entamer, avec une foi que la retraite n'a pas ralentie, a prêché le culte du beau aux générations successives qui vous ont précédé sur ces bancs. C'est avec lui que l'école a pris son éclat actuel, et qu'elle s'est accrue d'un cours spécial aux filles, car jusqu'en 1880, il n'y eut pas place ici pour vous, Mesdemoiselles : c'est bien évidemment qu'on vous savait artistes nées. De ses mains sont sortis des peintres comme les Couturier, les Laronze, les Bussière, les Darbois, des sculpteurs comme les Delorme et les Chamonard, des aquafortistes comme les Paul Martin, des architectes comme les Giroud, dont les œuvres à tous figurent avec honneur aux salons annuels de Paris. Je n'aurais garde d'oublier non plus la pléïade des professeurs qu'il a formés, et qui ont apporté dans l'enseignement du dessin la méthode si sûre et les procédés si féconds qu'il avait inaugurés lui-même avec succès.

Vous êtes dirigés aujourd'hui, chers enfants, par Monsieur Bourguin, un fonctionnaire jeune et plein de zèle, qui ne vous ménage ni son temps, ni ses peines, ni son talent, et que secondent courageusement deux professeurs instruits et dévoués, Messieurs Delorme et Givry. Ces excellents maîtres ne laissent pas péricliter l'œuvre de leurs devanciers. L'exposition des travaux que vous avez exécutés durant cette année scolaire de 1892-93 qui expire en est un sûr garant. Je viens de parcourir les salles de votre école avec le plus vif intérêt ; j'ai examiné vos dessins, vos aquarelles, vos modelages, vos épures et leurs applications. J'en ai admiré les grandes qualités, et vraiment, j'aurais mauvaise grâce à en critiquer les minces défauts. Laissez-moi donc, maîtres appréciés et chers élèves, vous réunir dans un seul et même tribut de justes éloges et de félicitations méritées.

Il me semble voir poindre parmi vous, mes enfants, des artistes distingués, des praticiens habiles, des amateurs éclairés. Ce n'est pas encore le soleil éclatant du plein midi, mais déjà c'est l'aube matinale d'un beau jour. Et pourrait-il en être autrement sur cette terre bourguignonne, dans cette ville de Mâcon, où les arts ont toujours été l'objet d'un culte sincère et d'une admiration passionnée ? Sans remonter jusqu'à l'époque où des mosaïstes, venus d'Italie, pavaient comme vous savez les habitations de la cité romaine et les villas des hauteurs de Flacé, je vous rappellerai les « tailleurs d'imaiges » qui ont décoré le tympan de votre vieux Saint-Vincent et qui en ont fouillé les chapiteaux, les

fresquistes qui en ont peint les murs.
Vous avez, place aux Herbes, une maison qui est un chef-d'œuvre de menuiserie fine et de sculpture sur bois. Plus
loin, à l'angle de la rue Sigorgue et de la
rue Saint-Nizier, je contemple souvent
une fenêtre qui est véritablement un bijou
de la Renaissance. L'hôtel Senecé, et
cet hôtel Montrevel, devenu votre maison
commune, où nous sommes ici réunis, ne
sont-ils pas des modèles d'architecture ?
Et l'hôpital, avec son dôme hardi, dans
lequel on reconnaît tout de suite la main
de Soufflot, l'auteur du Panthéon ? Par-
lerai-je de votre musée, où un conserva-
teur judicieux a marié à des copies de
maîtres des originaux de compatriotes,
des toiles de Guillaume Perrier, de Jeanne
Rongier, de Chintreuil, d'Armand Ber-
nard, de Jolyet, de Sain, d'Edouard Krug,
de Jean Renaud, de Louis Gallichon, de
Riballier, des fusains de Perret, des plâtres
de Madame de Lamartine, de Captier, de
Bonnardel, d'Hainglaise et de Devenet ? De
votre bibliothèque où, sans compter les
monnaies et les médailles, il y a des trésors
d'enluminure, de typographie, de reliure,
de gravure et de lithographie ? De vos
archives, où l'on conserve des merveilles
de sphragistique et de calligraphie ? De
vos demeures, où sur des buffets et des
dressoirs, ornementés par les ouvriers
qui ont fait la réputation de la « façon

dijonnaise », s'étagent encore ces faïen-
ces de vieux Mâcon, émules des Nevers,
rivales des Meillonas? — Vous habitez
un sol privilégié.

Et si je me tourne vers les modèles
vivants, vivants de toutes vies, que vois-
je sous mes yeux, sous les vôtres?
Vous appartenez à une race élégante et
forte. Les pampres de vos coteaux mû-
rissent, vos prairies sont vertes, vos
vallons sont fleuris, votre air est em-
baumé, vos horizons sont enchanteurs :
d'un côté, les molles ondulations de la
Bresse, poétique même en ses grisailles
d'automne; d'un autre, les montagnes
du Mâconnais, avec leurs roches abrup-
tes et leurs crêtes capricieuses ; au mi-
lieu, cette nappe verte de la Saône, qui
sort de l'infini du ciel, et qui coule avec
une admirable nonchalance entre des
rives qu'elle paraît bien ne quitter qu'à
regret. Et ce Mâcon, avec ses quartiers
pittoresques, et les deux tours de son
antique cathédrale qui se dressent au-
dessus des toits comme les mâts d'un
navire désemparé de ses voiles !

Ah ! inspirez-vous de ces spectacles !
Puisez à ces sources vives qu'une nature
généreuse accumule sous vos pas ! Pui-
sez-y sans trêve ni repos, et vous arri-
verez à faire vrai, à faire grand, à faire
beau. Vous obtiendrez, qui la gloire, qui
la renommée, qui le succès ; vous hono-

rerez votre pays, et vous servirez l'humanité.

Venez, en attendant ces hautes récompenses, recevoir les prix qui vous sont décernés au nom de l'administration, au nom de la chambre syndicale des entrepreneurs de Mâcon, et grâce au désintéressement d'un particulier : j'ai nommé Monsieur Charles Valfort, le bienfaiteur de cet établissement.

MACON — IMPRIMERIE X. PERROUX ET Cⁱᵉ